EXERCICES

DE

LECTURE MUSICALE

EXERCICES

DE

LECTURE MUSICALE

RECUEIL DES SOLFÈGES

*Composés spécialement pour les Concours annuels
des Écoles communales*

PAR

FRANÇOIS BAZIN

MEMBRE DE L'INSTITUT

OFFICIER DE LA LÉGION D'HONNEUR

Professeur de haute Composition au Conservatoire national de Musique

Directeur général de l'Enseignement du Chant

dans les Écoles communales de la Ville de Paris

**OUVRAGE DONT L'USAGE EST AUTORISÉ
DANS LES ÉCOLES COMMUNALES DE LA VILLE DE PARIS**

Prix net : 1 fr. 50

Cartonné : 25 centimes en sus

Henry LEMOINE, Éditeur

17, rue Pigalle, 17

PARIS

1880

Les leçons de solfége que nous publions ont été spécialement composées par F. Bazin pour les épreuves de lecture à première vue imposées dans les concours des Ecoles de la Ville de Paris. Le soin que le Maître apportait à tout ce qui concernait l'enseignement du chant dans les Ecoles communales, enseignement qu'il dirigea pendant dix-huit années, ainsi que la valeur musicale et pédagogique de ces leçons, ont fait penser que réunies et classées par ordre de difficultés, elles pourraient offrir aux élèves d'excellents EXERCICES DE LECTURE MUSICALE.

Nous espérons que cet ouvrage contribuera à développer et à propager le goût de la musique en en re..dant plus faciles les premières études et en leur donnant plus d'attraits.

II..

(*) Voyez la « *THÉORIE DE LA MUSIQUE* » de A. DANHAUSER, adoptée pour les Classes
du Conservatoire; ou l'« *ABRÉGÉ DE LA THÉORIE DE LA MUSIQUE* » du même auteur,
ouvrage dont l'usage est autorisé dans les Écoles communales de Paris.

Allegro.
5
f
Moderato.
6
mf
MESURE SIMPLE À QUATRE TEMPS (Quatre-quatre — 4 ou C —)
Demi-pause — Liaison.
All° maestoso.
7
f
mf
f
Moderato.
8
mf
f
Demi-soupir — Point.
Moderato.
9
mf
f

Moderato.
10
f
p
f
Moderato.
11
mf
Cresc.
f > mf
Moderato.
12
mf
Moderato.
13
mf

Moderato.
14
mf
f
p
Cresc. f
MESURE SIMPLE À TROIS TEMPS (Trois-quatre — 3/4 —)
Moderato.
15
mf
Moderato.
16
mf
Cre — scen — do.
Moderato.
17
mf
f
Moderato.
18
mf

And.ino grazioso.
19
p
p
Cre -
- scen - - do.
Moderato.
20
f
Allo moderato.
21
f
mf
Moderato.
22
mf

23
Allegretto.
mf
DEMI-TON CHROMATIQUE
Moderato.
24
mf
f
Moderato.
25
f
TON DE LA MINEUR
Andante.
26
p
Cresc.
p
All⁰ moderato.
27

Allegro risoluto.
28
f
Moderato.
29
mf
mf
f
Moderato.
30
f
p
Cresc.
Dimin.
Allegretto.
31
mf
Cresc.
Dimin.

8
32
Andantino.
33
SYNCOPE
Mod.to deciso.
34
Moderato.
Dolce.
35
Moderato.

All° moderato.
36 
mf
TON de SOL MAJEUR
Andantino.
37 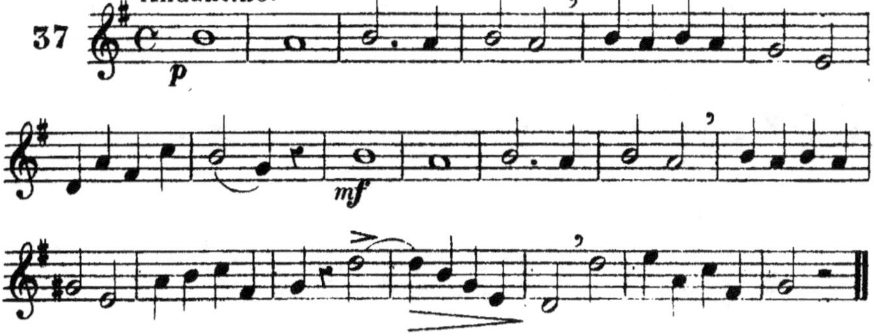
p
mf
Moderato.
38 
mf
Allegretto.
39
mf
Cresc.
f

Andantino.
40
p
mf
Andante.
41
mf
Cresc.
mf
All° moderato.
42
mf
TON de MI MINEUR
Andante.
43
Dolce.
Un poco cresc.
Moderato.
44
mf

45 Allegretto.

Cre _ scen _ do.

TON de FA MAJEUR

46 Allº giusto.

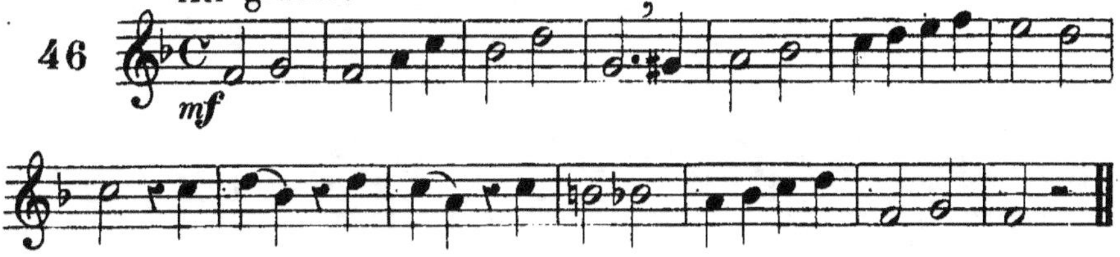

47 Allegretto.

48 Moderato.

Cresc.

12
Moderato.
49
Andantino.
50
p e dolce.
p
Cresc.
p
Moderato.
51
mf
mf
Cre _ scen _
_ _ do.
TON de RÉ MINEUR
Andantino.
52
p Un poco cre _ scen _ do.
mf

sf
p
Moderato.
53
mf
f
Moderato.
54
mf
Cre _ scen _
_ do.
Dolce.
TRIOLET.
Moderato.
55
mf
3
Moderato.
56
mf
Cresc.
3
3

All° moderato.
57
mf
Dolce.
Un poco cresc.
Allegretto.
58
mf
Moderato.
59
mf
Moderato.
60
mf

Allo moderato.
61
Cre -
- scen - do.
CONTRE,-TEMPS
Moderato.
62
mf
Allo moderato.
63
p e leggiero.
p
p
f
Allo moderato.
64
mf

Andantino.
65
p
mf
Cresc.
f
All° moderato.
66
mf
Tempo giusto.
67
mf
Cresc.
mf
MESURE SIMPLE À DEUX TEMPS (Deux-deux — 2 ou ₵ —)
All° moderato.
68
mf

Allegro.
69
f
f
Moderato.
70
mf
f
Allegretto.
71
mf
Cresc.
mf

Allegro.
72
mf
Cresc.
f
Moderato.
73
mf
p
Un poco cresc.
TON DE RÉ MAJEUR
Moderato.
74
f
Allegro.
75
mf

Cresc.
Allegro.
76
f
mf
p
f
Moderato.
77
mf
p
All° giusto.
78
f

Moderato.

79

TON DE SI MINEUR

Allegretto.

80

Moderato.

81

Andantino.

82

Cresc.
TON DE SI BÉMOL MAJEUR
Moderato.
83
mf
f
Allegretto.
84
mf
p
f
Allegro.
85
f
Dolce.
p
Cre _ scen _ do. f

L.

Moderato.
86
mf
Moderato.
87
f
Cresc.
Allegretto.
88
p
p
f
p
Cresc.
f
TON de SOL MINEUR
Andantino.
89
p
mf
Cresc. poco a poco.

Allegretto..
90
mf
All" giusto.
91
f
mf
Cre _ scen _ do.
f
92
3

DOUBLES-CROCHES

Allegretto.
96
p
f
Cre - scen - do.
Moderato.
97
mf
3
Moderato.
98
f
p
Cresc.
f
p
Cresc.
f

Moderato.
99 
f
mf
p
f
Allegretto.
100 
p
Cre _ scen _ do.
Dimi _ nuen _
_ do.
Moderato.
101
mf
26

All° deciso.
102
mf
Moderato.
103
f
mf
Cresc.
All° giusto.
104
p
Grazioso.
3
3
3

Moderato.
105
mf
Dolce.
All" risoluto. 
106
f
Moderato. 
107
mf
f
mf

Andantino.
108
p e legato.
Moderato.
109
mf
p
Cresc.
mf
Cresc.
f
Moderato.
110
mf
Cresc.
p
Cresc.
mf

30
Moderato.
111
mf
p
mf
Allegretto.
112
p
Cresc.
All° deciso.
113
f
mf
Cresc.
Moderato.
114
mf

Cresc.
Moderato.
115
mf
3
3
Cresc.
Andantino.
116
p
Cresc.
Cresc.
f
Andantino.
117
mf
Dolce.
p
3   3
Cresc.

MESURE SIMPLE À TROIS TEMPS (Trois-huit — $\frac{3}{8}$ —)

Cresc.
Moderato.
122
mf
Cresc.
f
p
Moderato.
123
mf
3
3
3
3
RENVOI—REPRISE—POINT D'ORGUE
Allegro.
124
mf
FIN
Riten.
D.C.

34

And^ino grazioso.
125
mf
FIN
mf
D.C.
Mod^to tempo giusto.
126
f
FIN
p
mf
Un poco rit.
Cresc.
D.C.
MESURE COMPOSÉE À DEUX TEMPS (Six-huit — 6/8 —)
Allegretto.
127
p
mf
f
p
Allegretto.
128
mf

Cresc.
f
mf
Moderato.
129
mf
Cresc.
Andante.
130
p
Cresc.
f
Moderato.
131
mf
p
p
mf
Cresc.
f

Moderato.
132
mf
Cresc.
Andantino.
133
p
mf
Dimin.
p e cre - scen - do.
Moderato.
134
mf
p Cresc.

Cre -
- - scen - - - - do
Moderato.
135
p
p
mf
Moderato.
136
mf
p
Un poco cresc.
p

137 Moderato.

138 Moderato.

MESURE COMPOSÉE À TROIS TEMPS (Neuf-huit — $\frac{9}{8}$ —)

139 Moderato.

Andantino.
140
p
Cresc.
f
p
Cresc.
f
MESURE COMPOSÉE À QUATRE TEMPS (Douze-huit — 12/8 —)
Moderato.
141
p
Cresc.
f
mf

TON DE LA MAJEUR

Moderato.

142

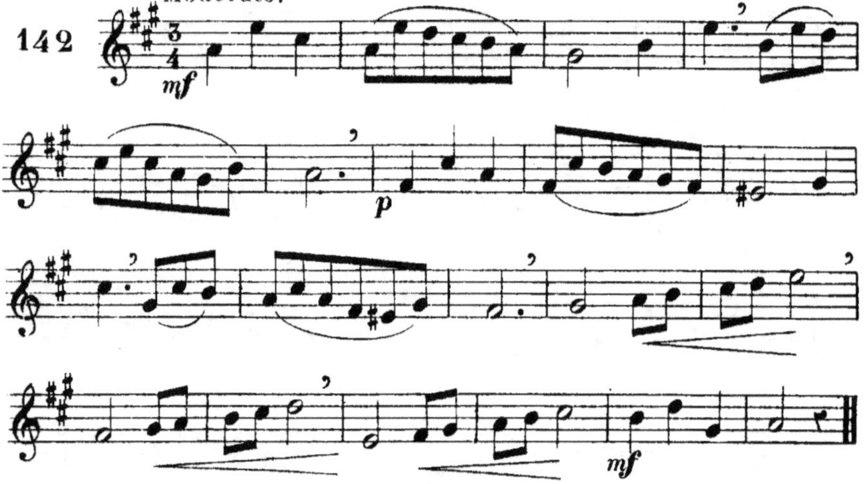

All^o giusto.

143

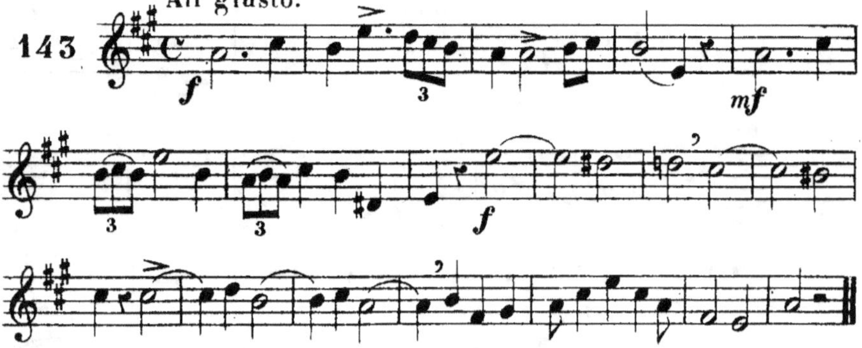

TON DE FA DIÈSE MINEUR

Andantino.

144

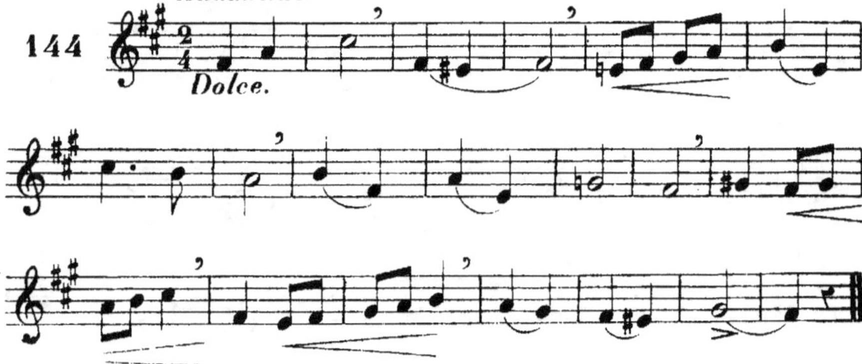

Mod.to quasi andantino.
145
mf
146
Allo moderato.
mf
Cresc.
TON D'UT MINEUR
Allegretto.
147
mf
sf
Cresc.
f
f

148
Moderato.
149
Moderato.
150
Cresc.
Dimin.
Grazioso.

151
All° giusto.
mf
TRIPLES CROCHES
Allegretto.
152
f
Cresc.
f
p
p
Cresc.
f
Andantino.
153
p
Cresc.
Dolce.
mf
p

TON DE MI MAJEUR

TON DE LA BÉMOL MAJEUR
Moderato.
157
mf
f
Allegretto
158
p
Dolce.
p
3
3
3
p
TON DE FA MINEUR
Moderato.
159
mf
Cresc.
f
Cresc.

RÉSUMÉ

Andantino.

162

Andantino.

163

Andantino.

164

Moderato.
165
mf
Andantino.
166
p
Diminuendo.
Moderato.
167
mf

168 **Moderato.**

169 **Andantino.**

Andante
170
Dolce.
f
Dolce.
Cresc.
f
Allegretto.
171
mf
Dolce.
Cresc.
f
mf

Cresc.
f
Allegretto.
172 
p
>
mf
3
Cresc.
f
p
>
p
Moderato.
173
p
f
p
f
p
f

Allegretto.
174
Leggiero.
Cresc.
mf
Cresc.
f
mf
Allegretto.
175
mf
mf
Dolce.
Cresc.
f
Andante.
176
mf

Cresc.
f
Andantino.
Affettuoso.
177
mf
Grazioso.
p
Cresc.
Moderato.
178
f
mf
Cantando.
f

Moderato.
179
p
f
p
f
Moderato.
180
p
mf
Cresc.
f
p
Andantino.
181
p
f

Moderato.
182
mf
mf
Cresc.
f
Andantino.
183
p
f
p
Cresc. f

Allegretto.
184
mf
mf
Allegretto.
Bien rhythmé.
185
mf
Cresc.
mf
mf
Andantino.
186
p
Cresc.
f
p
Cresc.
f
p
Dimin.

Andantino.
187
mf
f
3
3
3
f
p
f
Andante.
188
mf
Cresc.
Dimin.
mf
Dimin.
p

Moderato.
189
p
f
p
p
f
Dolce.
p
f
Allegretto.
193
mf
Cresc.
f
mf
Cresc.
Dimin.

All.o moderato.
191
f
3 3
3 3
3 3
3 3
Dolce.
p
Cresc.
f
Moderato.
192
mf
f
p
Cresc.

Moderato.
193 
p
Cresc.   f   ff
All° moderato.
194
f
p

Moderato.
195
f
p
Cresc. f
Moderato. 3
196
mf
3
3
3
f Dimin.
3

Moderato.
197
f
f
p
f
Moderato.
198
mf
mf
Cresc.
f
8

Allegretto.
199
mf
f
Moderato.
200
f
p
f
p
p
f

201 Andante. Dolce. *mf*

3 *p* **3**

Cresc. *f*

202 Moderato. *f*

p **3** **3**

Cresc.

SOLFÉGES À DEUX VOIX

Moderato.
2
f
f
p
p
Cresc.
f   ff
Cresc.
f   ff
All° moderato.
3
f
f
f
f

p
Cresc.
f
p
Cresc.
f
Moderato.
4
f
f
p
p
Cresc.
Cresc.
f
f

Allº moderato.
5
f
f
Moderato.
6
p
p
>

Cresc.
Cresc.
f
f
Moderato.
f
f
7
Dimin.
Dolce.
p
Cresc.
f
Cresc.
f

Moderato.
Leggiero.
mf
p
8
Leggiero.
mf
p
Ben legato.
Ben legato.
p
p
Moderato.
9
f
f

p
p
Cresc.
f
Cresc.
f
Allegro.
10
p
p
p

Dimin.
p
Cresc.
Cresc.
f
Dimin.
f
Dimin.
Cresc.
Cresc.
f
f